l'école - escuela   2
le voyage - viaje   5
le transport - transporte   8
la ville - ciudad   10
le paysage - paisaje   14
le restaurant - restaurante   17
le supermarché - supermercado   20
les boissons - bebidas   22
l'alimentation - comida   23
la ferme - granja   27
la maison - casa   31
le salon - sala   33
la cuisine - cocina   35
la salle de bain - cuarto de baño   38
la chambre d'enfant - habitación de los niños   42
les vêtements - ropa   44
le bureau - oficina   49
l'économie - economía   51
les professions - oficios   53
les outils - herramientas   56
les instruments de musique - instrumentos musicales   57
le zoo - zoo   59
les sports - deportes   62
les activités - actividades   63
la famille - familia   67
le corps - cuerpo   68
l'hôpital - hospital   72
l'urgence - urgencia   76
la terre - tierra   77
...heure(s) - hora(s)   79
la semaine - semana   80
l'année - año   81
les formes - formas   83
les couleurs - colores   84
les oppositions - opuestos   85
les nombres - números   88
les langues - idiomas   90
qui / quoi / comment - quién / qué / cómo   91
où - dónde   92

AF206698

Impressum
Verlag: BABADADA GmbH, Nedderfeld 112 , 22529 Hamburg
Geschäftsführer / Verlagsleitung: Harald Hof
Druck: Books on Demand GmbH, In de Tarpen 42, 22848 Norderstedt

Imprint
Publisher: BABADADA GmbH, Nedderfeld 112 , 22529 Hamburg, Germany
Managing Director / Publishing direction: Harald Hof
Print: Books on Demand GmbH, In de Tarpen 42, 22848 Norderstedt

l'école

escuela

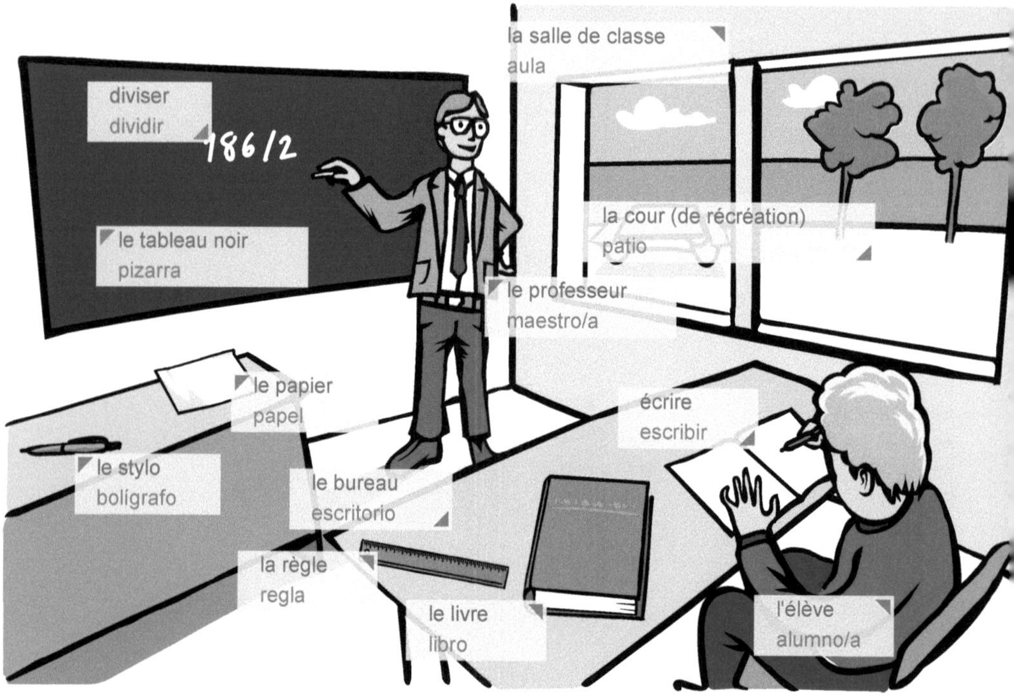
la salle de classe
aula
diviser
dividir
186/2
le tableau noir
pizarra
la cour (de récréation)
patio
le professeur
maestro/a
le papier
papel
écrire
escribir
le stylo
bolígrafo
le bureau
escritorio
la règle
regla
le livre
libro
l'élève
alumno/a

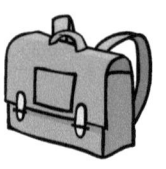

le cartable
cartera

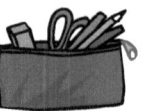

la trousse
caja de lápices

le crayon
lápiz

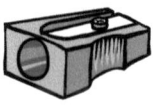

le taille-crayon
sacapuntas

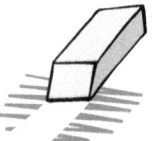

la gomme
goma de borrar

le carnet à dessin
cuaderno de dibujo

le dessin

dibujo

le pinceau

pincel

la boîte de peinture

caja de pinturas

les ciseaux

tijeras

la colle

pegamento

le cahier d'exercices

cuaderno de ejercicios

les devoirs

deberes

le chiffre

número

2+2

additionner

sumar

5-2

soustraire

restar

2×2

multiplier

multiplicar

calculer

calcular

A

la lettre

letra

ABCDEFG
HIJKLMN
OPQRSTU
VWXYZ

l'alphabet

alfabeto

le mot

palabra

le texte

texto

lire

leer

la craie

tiza

la leçon

lección

le livre de classe

cuaderno de notas

l'examen

examen

le certificat

certificado

l'uniforme scolaire

uniforme escolar

la formation

educación

le lexique

enciclopedia

l'université

universidad

le microscope

microscopio

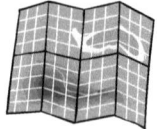

la carte

mapa

la corbeille à papier

papelera

le voyage
viaje

l'hôtel
hotel
Grand
l'auberge
albergue
ROOMS
CHANGE
e bureau de change
oficina de cambio de divisas
la valise
maleta
la voiture
coche

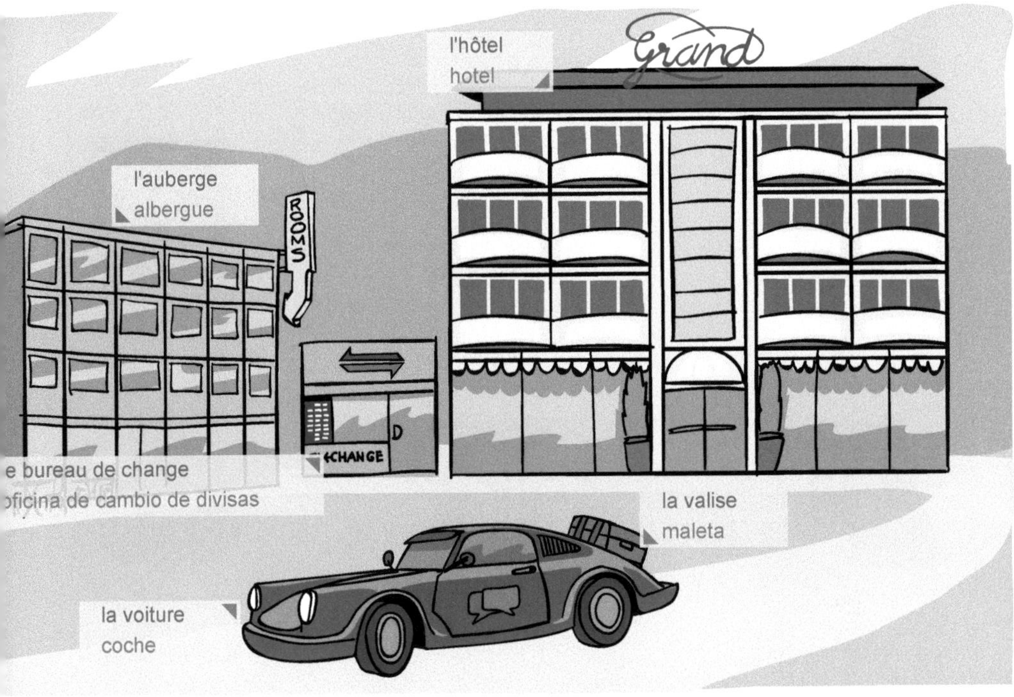

la langue

idioma

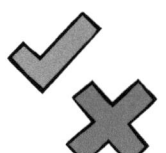

oui / non

sí / no

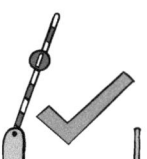

d'accord

Vale

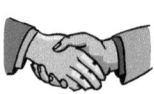

Salut

hola

l'interprète

traductor

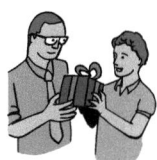

merci

Gracias

Combien coûte...?

¿cuánto es...?

Je ne comprends pas

No entiendo

le problème

problema

Bonsoir !

¡Buenas tardes!

Bonjour !

¡Buenos días!

Bonne nuit !

¡Buenas noches!

Au revoir

adiós

la direction

dirección

les bagages

equipaje

le sac

bolsa

le sac-à-dos

mochila

l'hôte

invitado

la pièce

habitación

le sac de couchage

saco de dormir

la tente

tienda de campaña

l'office de tourisme

información turística

la plage

playa

la carte de crédit

tarjeta de crédito

le petit-déjeuner

desayuno

le déjeuner

almuerzo

le dîner

cena

le billet

billete

l'ascenseur

ascensor

le timbre

sello

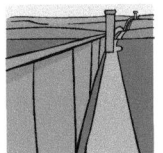

la frontière

frontera

la douane

aduana

l'ambassade

embajada

le visa

visa

le passeport

pasaporte

le transport
transporte

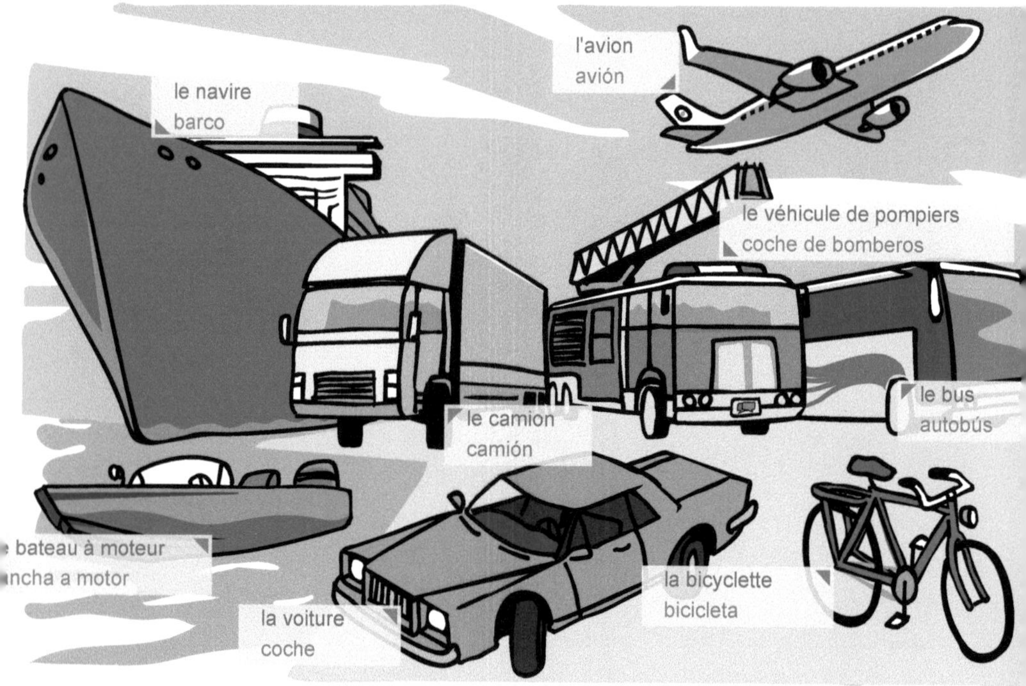

l'avion
avión
le navire
barco
le véhicule de pompiers
coche de bomberos
le bus
autobús
le camion
camión
bateau à moteur
ncha a motor
la bicyclette
bicicleta
la voiture
coche

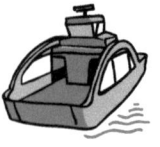

le ferry

transbordador

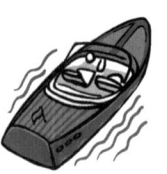

la barque

barca

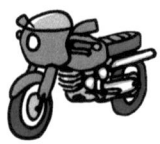

la moto

moto

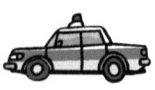

la voiture de police

coche de policía

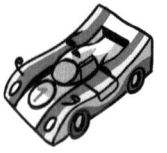

la voiture de course

coche de carreras

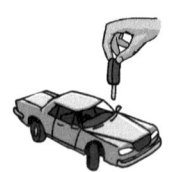

la voiture de location

coche de alquiler

l'auto-partage

préstamo de vehículos

la voiture de remorquage

grúa

la benne à ordures

camión de la basura

le moteur

motor

l'essence

gasolina

la station d'essence

gasolinera

le panneau indicateur

señal de tráfico

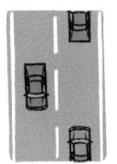

le trafic

tráfico

l'embouteillage

atasco

le parking

aparcamiento

la gare

estación de tren

les rails

vías

le train

tren

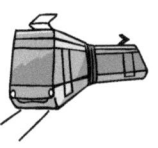

le tramway

tranvía

le wagon

vagón

l'hélicoptère

helicóptero

l'aéroport

aeropuerto

la tour

torre

le passager

pasajero

le conteneur

contenedor

le carton

caja de cartón

le chariot

carretilla

la corbeille

cesta

décoller / atterrir

despegar / aterrizar

la ville

ciudad

le village

pueblo

le centre-ville

centro de ciudad

la maison

casa

le cinéma
cine

la publicité
anuncio

le réverbère
farola

la rue
calle

le taxi
taxi

le kiosque
quiosco

le piéton
peatón

le trottoir
acera

le passage piéton
paso de cebra

la poubelle
contenedor de basura

le carrefour
cruce

les feux de circulation
semáforo

CINEMA

la cabane
cabaña

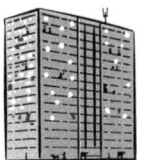

l'appartement
apartamento

la gare
estación de tren

la mairie
ayuntamiento

le musée
museo

l'école
escuela

l'université
universidad

la banque
banco

l'hôpital
hospital

l'hôtel
hotel

la pharmacie
farmacia

le bureau
oficina

la librairie
librería

le magasin
tienda

le fleuriste
floristería

le supermarché
supermercado

le marché
mercado

le grand magasin
grandes almacenes

la poissonnerie
pescadería

le centre commercial
centro comercial

le port
puerto

le parc

parque

la banque

banco

le pont

puente

les escaliers

escaleras

le métro

metro

le tunnel

túnel

l'arrêt de bus

parada de autobús

le bar

bar

le restaurant

restaurante

la boîte à lettres

buzón

le panneau indicateur

poste indicador

le parcmètre

parquímetro

le zoo

zoo

le réverbère

piscina

la mosquée

mezquita

la ferme

granja

la pollution

contaminación

la cimetière

cementerio

l'église

iglesia

l'aire de jeux

patio de juego

le temple

templo

le paysage

paisaje

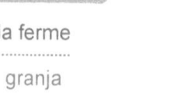

la feuille
hoja

le panneau indicateur
señal

le chemin
camino

le pré
prado

la pierre
piedra

l'arbre
árbol

le randonneur
excursionista

la rivière
río

l'herbe
hierba

la fleur
flor

la vallée
valle

la montagne
colina

le lac
lago

la forêt
bosque

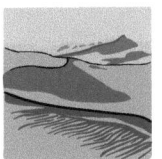

le désert
desierto

le volcan
volcán

le château
castillo

l'arc-en-ciel
arcoíris

le champignon
champiñón

le palmier
palmera

le moustique
mosquito

la mouche
mosca

les fourmis
hormiga

l'abeille
abeja

l'araignée
araña

le coléoptère

escarabajo

la grenouille

rana

l'écureuil

ardilla

le hérisson

erizo

le lièvre

liebre

la chouette

lechuza

l'oiseau

pájaro

le cygne

cisne

le sanglier

jabalí

le cerf

ciervo

l'élan

alce

le barrage

presa

l'éolienne

turbina eólica

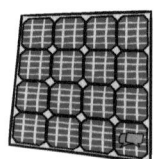

le panneau solaire

panel solar

le climat

clima

le restaurant
restaurante

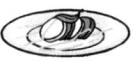

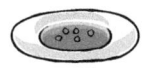

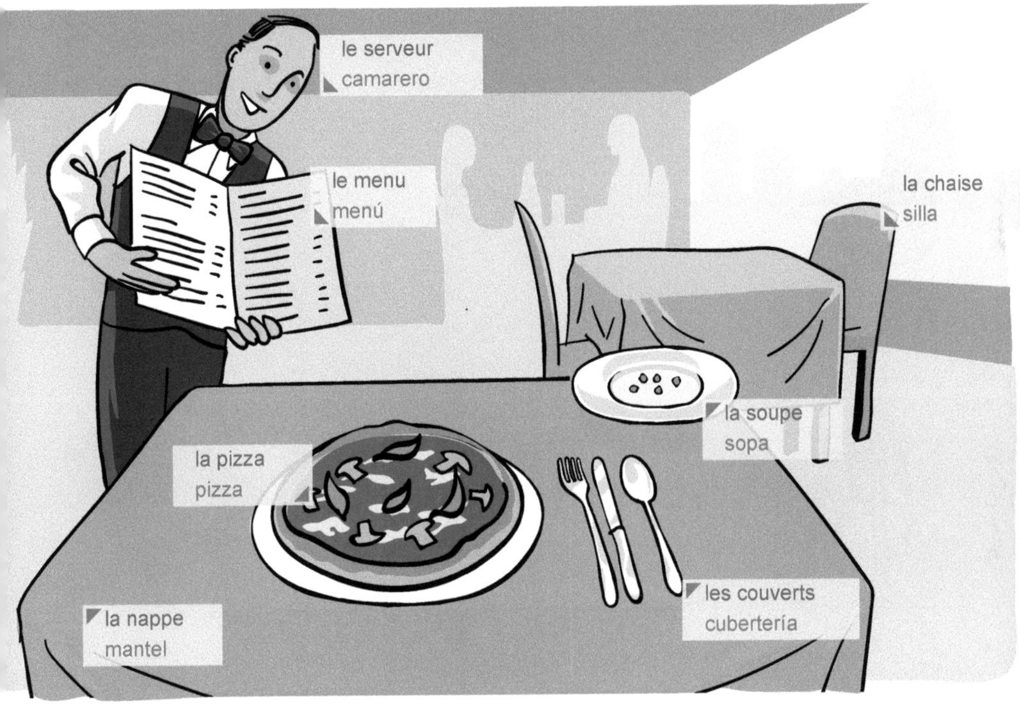
le serveur
camarero
le menu
menú
la chaise
silla
la soupe
sopa
la pizza
pizza
les couverts
cubertería
la nappe
mantel

les hors d'œuvre
primer plato

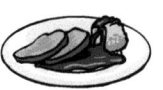

le plat principal
plato principal

le dessert
postre

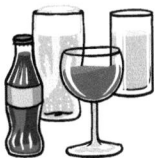

les boissons
bebidas

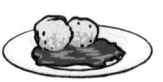

l'alimentation
comida

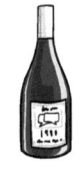

la bouteille
botella

le fast-food

comida rápida

les plats à emporter

comida callejera

la théière

tetera

le sucrier

azucarero

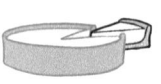

la portion

porción

la machine à expresso

cafetera expreso

la chaise haute

trona

la facture

cuenta

le plateau

bandeja

le couteau

cuchillo

la fourchette

tenedor

la cuillère

cuchara

la cuillère à thé

cucharilla

la serviette

servilleta

le verre

vaso

le restaurant - restaurante

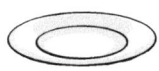

l'assiette

plato

l'assiette à soupe

plato hondo

la soucoupe

platillo

la sauce

salsa

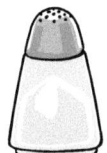

la salière

salero

le moulin à poivre

molinillo de pimienta

le vinaigre

vinagre

l'huile

aceite

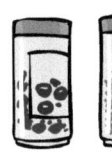

les épices

especias

le ketchup

ketchup

la moutarde

mostaza

la mayonnaise

mayonesa

le supermarché
supermercado

l'offre promotionnelle
oferta especial
FOR
le client
cliente
les produits laitiers
lácteos
les fruits
fruta
le chariot
carro de la compra

BUTCHERS

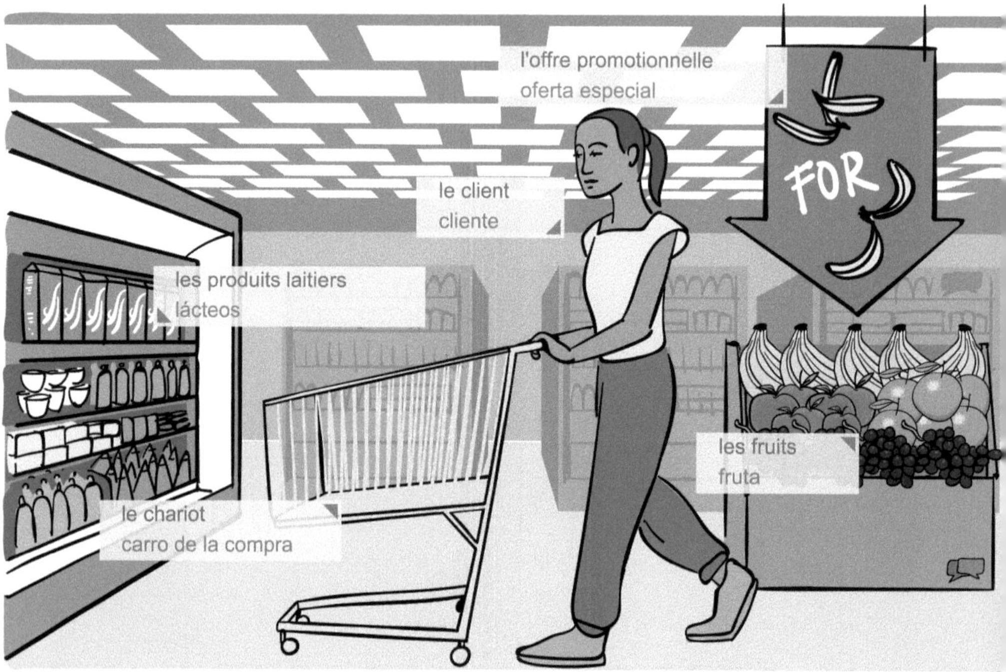

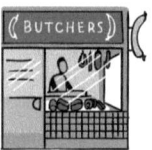

la boucherie

carnicería

BAKERY

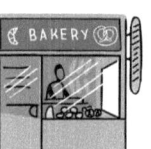

la boulangerie

panadería

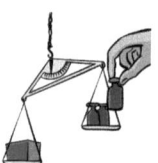

peser

pesar

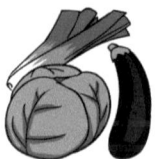

les légumes

verduras

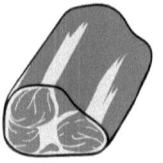

la viande

carne

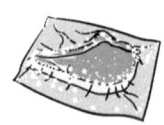

les aliments surgelés

alimentos congelados

la charcuterie

fiambres

les conserves

conservas

la poudre à lessive

detergente en polvo

les bonbons

dulces

les articles ménagers

productos de uso doméstico

les détergents

productos de limpieza

la vendeuse

vendedora

la caisse

caja

le caissier

cajero

la liste d'achats

lista de la compra

les heures d'ouverture

horario de atención al
público

le portefeuille

cartera

la carte de crédit

tarjeta de crédito

le sac

bolsa

le sac en plastique

bolsa de plástico

l'eau

agua

le jus de fruit

zumo

le lait

leche

le coca

cola

le vin

vino

la bière

cerveza

l'alcool

alcohol

le chocolat chaud

cacao

le thé

té

le café

café

l'expresso

expreso

le cappuccino

capuchino

la banane

plátano

la pomme

manzana

l'orange

naranja

le melon

melón

le citron.

limón

la carotte

zanahoria

l'ail

ajo

le bambou

bambú

l'oignon

cebolla

le champignon

champiñón

les noisettes

avellanas

les pâtes

fideos

les spaghetti

espagueti

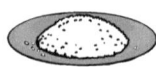

le riz

arroz

la salade

ensalada

les pommes frites

patatas fritas

les pommes de terre rôties

patatas fritas

la pizza

pizza

le hamburger

hamburguesa

le sandwich

sándwich

l'escalope

filete

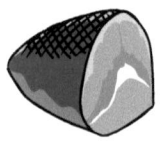

le jambon

jamón

le salami

salami

la saucisse

salchicha

le poulet

pollo

le rôti

asado

le poisson

pescado

les flocons d'avoine

copos de avena

le muesli

muesli

les cornflakes

copos de maíz

la farine

harina

le croissant

cruasán

les petits-pains

panecillo

le pain

pan

le pain grillé

tostada

les biscuits

galletas

le beurre

mantequilla

le fromage blanc

cuajada

le gâteau

pastel

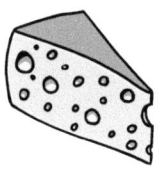

l'œuf

huevo

l'œuf au plat

huevo frito

le fromage

queso

la glace

helado

le sucre

azúcar

le miel

miel

la confiture

mermelada

la crème nougat

crema de turrón

le curry

curry

la ferme
granja

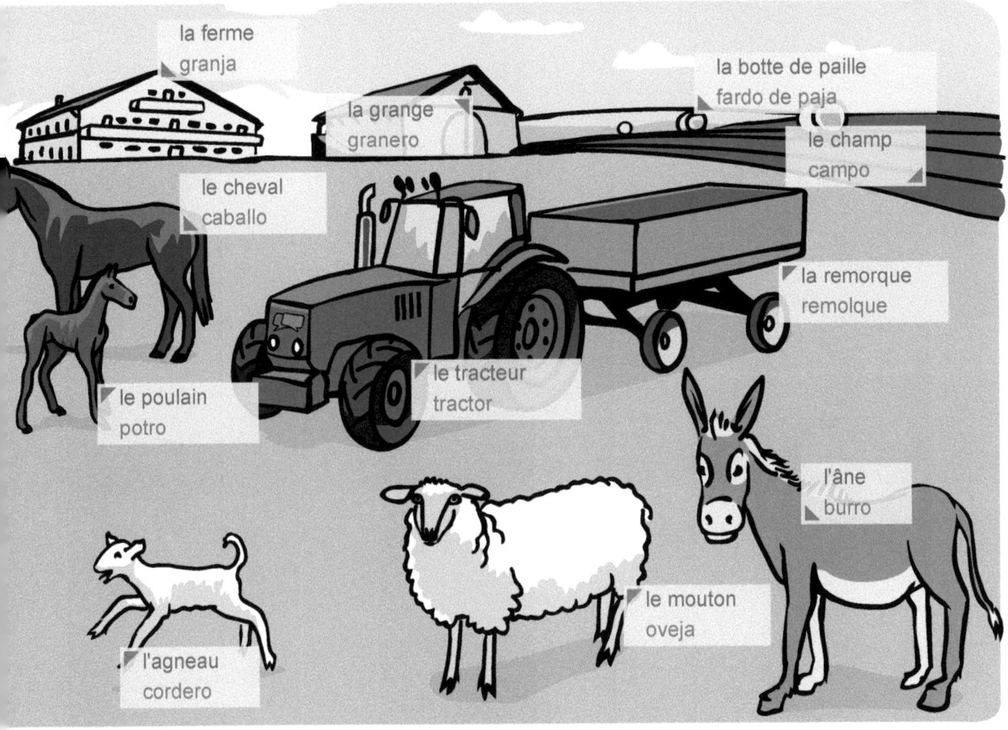
la ferme
granja
la grange
granero
la botte de paille
fardo de paja
le champ
campo
le cheval
caballo
la remorque
remolque
le tracteur
tractor
le poulain
potro
l'âne
burro
le mouton
oveja
l'agneau
cordero

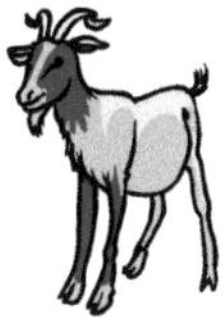

la chèvre

cabra

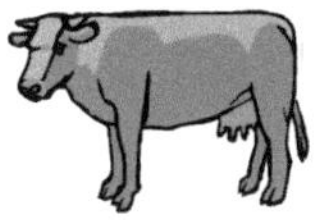

la vache

vaca

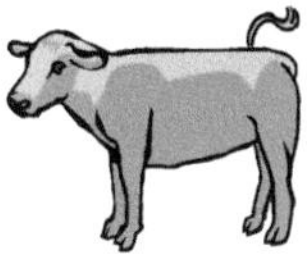

le veau

ternero

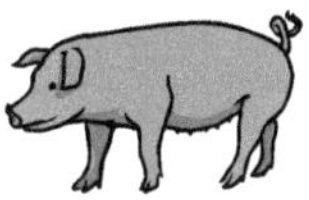

le porc

cerdo

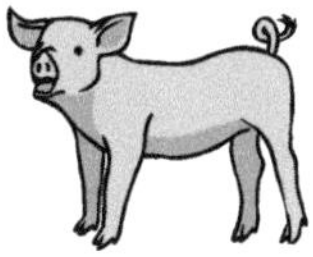

le porcelet

cerdito

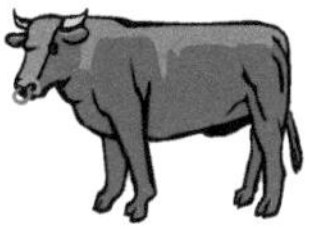

le taureau

toro

l'oie

ganso

le canard

pato

le poussin

pollo

la poule

gallina

le coq

gallo

le rat

rata

le chat

gato

la souris

ratón

le bœuf

buey

le chien

perro

le chenil

perrera

le tuyau de jardin

manguera

l'arrosoir

regadera

la faucheuse

guadaña

la charrue

arado

la faucille

hoz

la pioche

azada

la fourche

horca

la hache

hacha

la brouette

carretilla

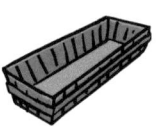

la cuve

abrevadero

le pot à lait

lechera

le sac

saco

la clôture

valla

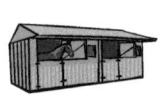

l'étable

establo

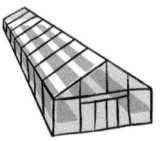

le serre

invernadero

le sol

suelo

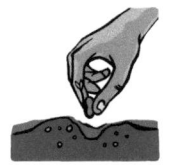

les semences

semilla

l'engrais

fertilizador

la moissonneuse-batteuse

cosechadora

récolter

cosechar

la récolte

cosecha

l'igname

ñame

le blé

trigo

le soja

soja

la pomme de terre

patata

le maïs

maíz

le colza

semilla de colza

l'arbre fruitier

árbol frutal

le manioc

mandioca

les céréales

cereales

la maison

casa

la cheminée
chimenea
le toit
tejado
la gouttière
canalón
la fenêtre
ventana
la sonnette
timbre
le garage
garaje
la porte
puerta
la poubelle
cubo de la basura
la boîte aux lettres
buzón
le jardin
jardín

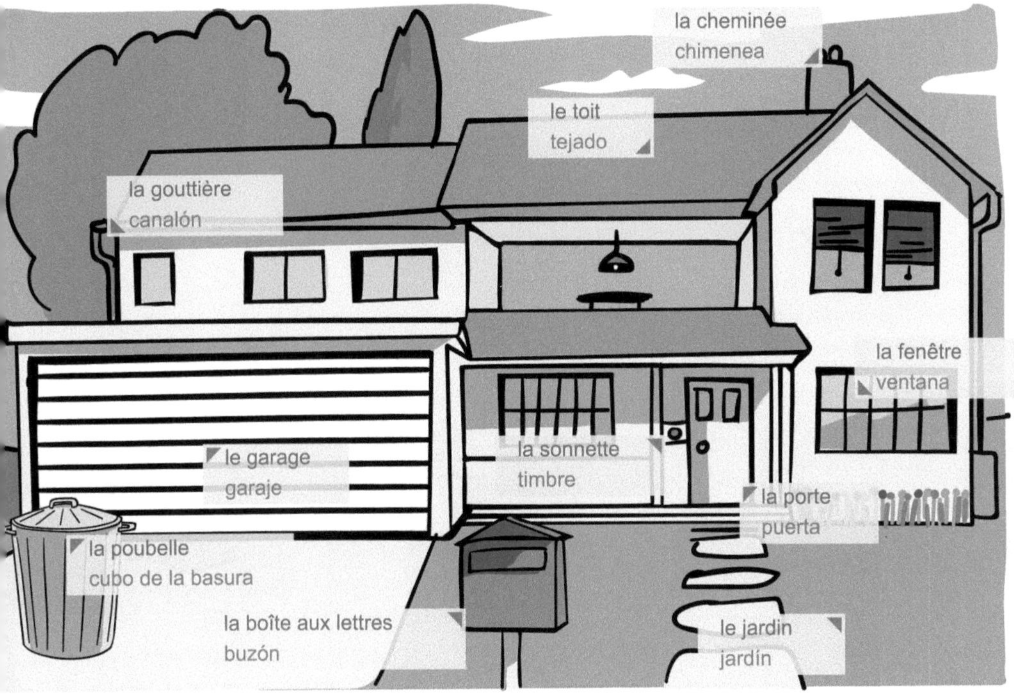

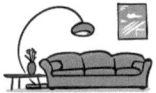

le salon

sala

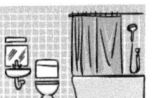

la salle de bain

cuarto de baño

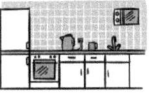

la cuisine

cocina

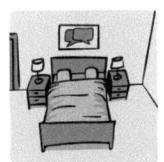

la chambre à coucher

dormitorio

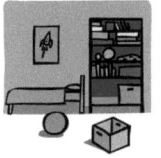

la chambre d'enfant

habitación de los niños

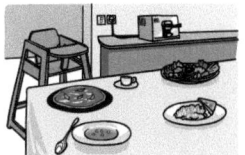

la salle à manger

comedor

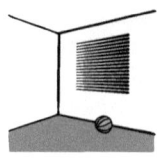

le sol

suelo

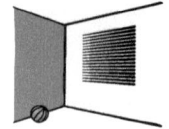

le mur

pared

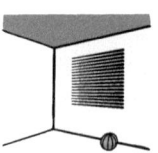

le plafond

techo

la cave

sótano

le sauna

sauna

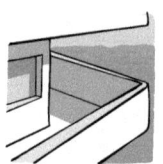

le balcon

balcón

la terrasse

terraza

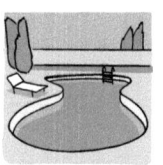

la piscine

piscina

la tondeuse à gazon

cortacésped

la housse

sábana

la couette

colcha

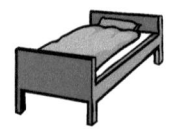

le lit

cama

le balai

escoba

le sceau

balde

l'interrupteur

interruptor

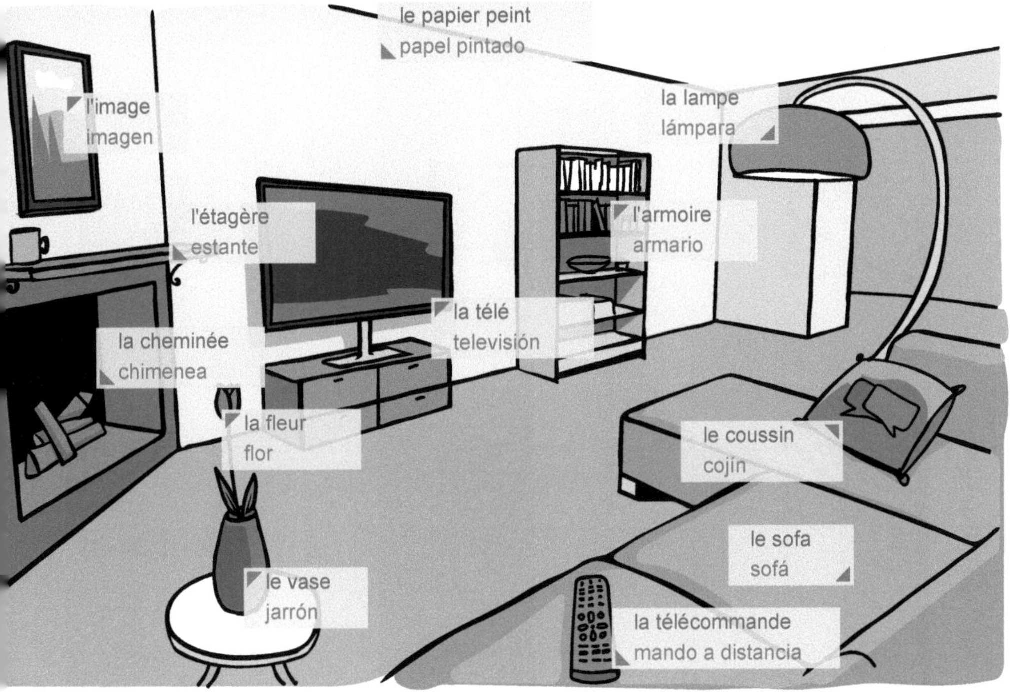

le papier peint
papel pintado

l'image
imagen

la lampe
lámpara

l'étagère
estante

l'armoire
armario

la cheminée
chimenea

la télé
televisión

la fleur
flor

le coussin
cojín

le sofa
sofá

le vase
jarrón

la télécommande
mando a distancia

le tapis

alfombra

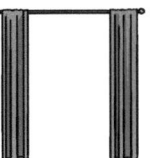

le rideau

cortina

la table

mesa

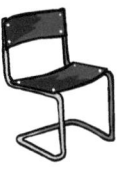

la chaise

silla

la chaise à bascule

mecedora

le fauteuil

butaca

le livre

libro

la couverture

manta

la décoration

decoración

le bois de chauffage

leña

le film

película

la chaîne hi-fi

equipo de música

la clé

llave

le journal

periódico

la peinture

pintura

le poster

póster

la radio

radio

le bloc-notes

cuaderno

l'aspirateur

aspiradora

le cactus

cactus

la bougie

vela

la cuisine
cocina

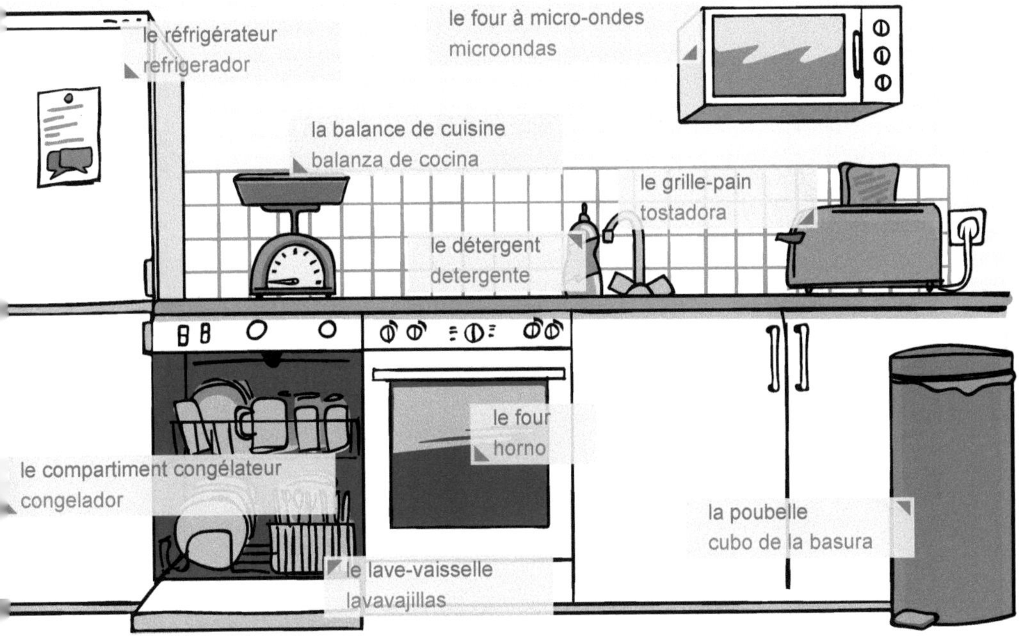
le réfrigérateur
refrigerador
le four à micro-ondes
microondas
la balance de cuisine
balanza de cocina
le grille-pain
tostadora
le détergent
detergente
le four
horno
le compartiment congélateur
congelador
la poubelle
cubo de la basura
le lave-vaisselle
lavavajillas

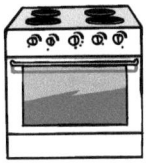

le four

olla a presión

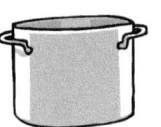

la casserole

olla

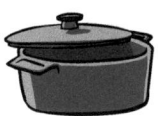

la marmite

olla de hierro fundido

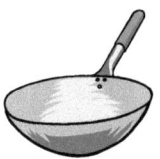

le wok / kadai

wok / karahi

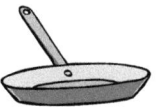

la poêle

cazuela

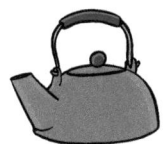

la bouilloire electrique

hervidor

le cuiseur vapeur

vaporera

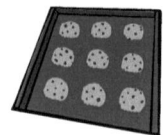

la plaque de cuisson

chapa de horno

la vaisselle

vajilla

le gobelet

taza

la coupe

tazón

les baguettes

palillos

la louche

cucharón

la spatule

espumadera

le fouet

batidor

la passoire

colador

le tamis

cedazo

la râpe

rallador

le mortier

mortero

le barbecue

barbacoa

la cheminée

hoguera

la planche à découper

tabla de picar

le rouleau à pâtisserie

rodillo

le tire-bouchon

sacacorchos

la boîte

lata

l'ouvre-boîte

abrelatas

les maniques

agarrador

le lavabo

lavabo

la brosse

cepillo

l'éponge

esponja

le mixeur

batidora

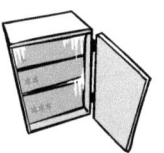

le congélateur

congelador

le biberon

biberón

le robinet

grifo

la cuisine - cocina

la salle de bain
cuarto de baño

la douche
ducha
le chauffage
calefacción
la serviette
toalla
le rideau de douche
cortina de la ducha
le bain moussant
baño de espuma
la baignoire
bañera
le verre
vaso
la machine à laver
lavadora
le robinet
grifo
le carrelage
baldosas
le pot
orinal
le lavabo
lavabo

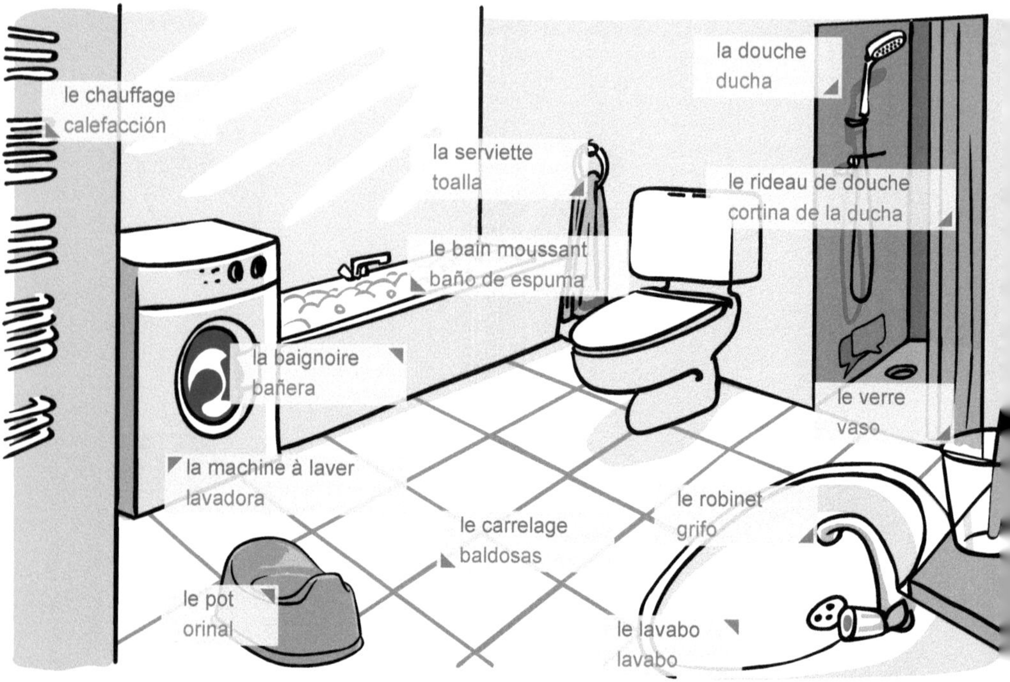

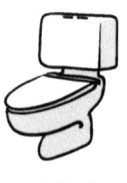

les toilettes

inodoro

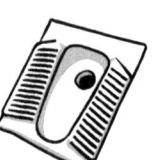

la toilette à la turque

inodoro rústico

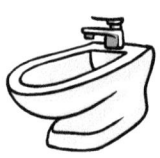

le bidet

bidé

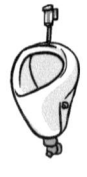

l'urinoir

urinario

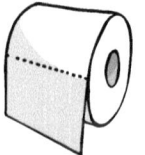

le papier toilette

papel higiénico

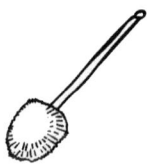

la brosse à toilette

escobilla del váter

la brosse à dents

cepillo de dientes

le dentifrice

pasta de dientes

le fil dentaire

hilo dental

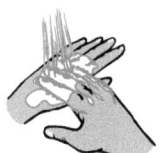
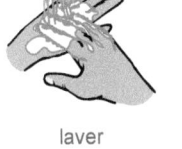

laver

lavar

la douche manuelle

ducha de mano

la douche intime

ducha íntima

la vasque

pila

la brosse dorsale

cepillo de espalda

le savon

jabón

le gel douche

gel de ducha

le shampooing

champú

le gant de toilette

toallita

l'écoulement

desagüe

la crème

crema

le déodorant

desodorante

le miroir

espejo

le miroir cosmétique

espejo de tocador

le rasoir

maquinilla de afeitar

la mousse à raser

espuma de afeitar

l'après-rasage

loción postafeitado

la peigne

peine

la brosse

cepillo

le sèche-cheveux

secador

la laque pour cheveux

laca

le fond de teint

maquillaje

le rouge à lèvres

pintalabios

le vernis à ongles

pintauñas

l'ouate

algodón

le coupe-ongles

cortauñas

le parfum

perfume

la trousse de toilette

estuche de viaje

le tabouret

banqueta

le pèse-personne

balanza

le peignoir

albornoz

les gants de nettoyage

guantes de goma

le tampon

tampón

es serviettes hygiéniques

compresa

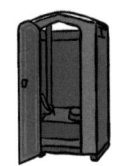

la toilette chimique

inodoro químico

la chambre d'enfant
habitación de los niños

le réveil
despertador
le doudou
peluche
la voiture jouet
coche de juguete
le hochet
sonajero
la maison de poupée
casa de muñecas
le cadeau
regalo

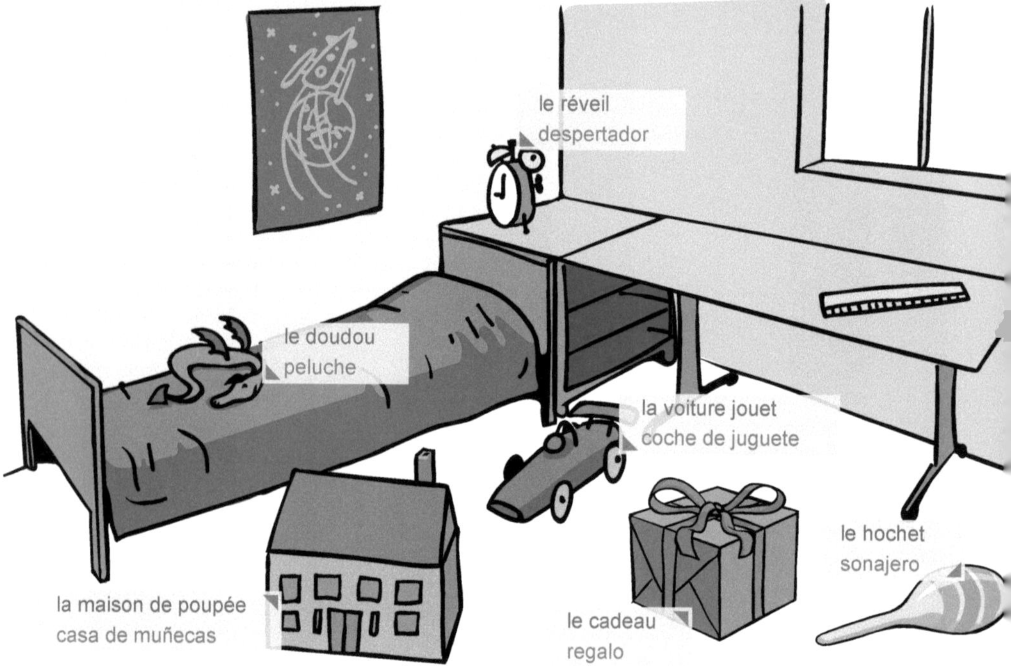

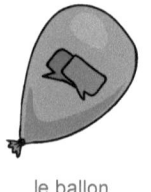

le ballon

globo

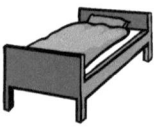

le lit

cama

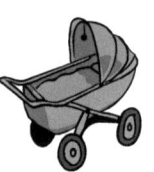

la poussette

coche de niño

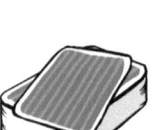

le jeu de cartes

naipes

le puzzle

puzle

SUPER MEGA

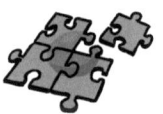

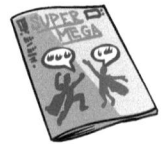

la bande dessinée

tebeo

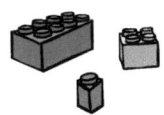

les pièces lego
piezas de lego

les blocs de construction
bloques de juguete

la figurine
figura de acción

la grenouillère
bodi (de bebé)

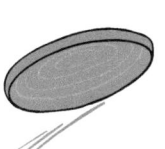

le frisbee
frisbee

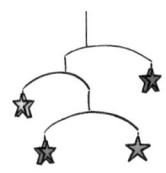

le mobile
colgador móvil para bebés

le jeu de société
juego de mesa

le dé
dados

le train miniature
circuito de tren eléctrico

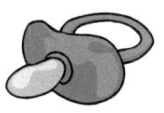

la sucette
maniquí

la fête
fiesta

le livre d'images
álbum de fotos

la balle
pelota

la poupée
muñeca

jouer
jugar

le bac à sable

cajón de arena

la balançoire

columpio

les jouets

juguetes

la console de jeu

videoconsola

le tricycle

triciclo

l'ours en peluche

oso de peluche

l'armoire

guardarropa

les vêtements

ropa

les chaussettes

calcetines

les bas

medias

le collant

leotardos

l'écharpe
bufanda

le parapluie
paraguas

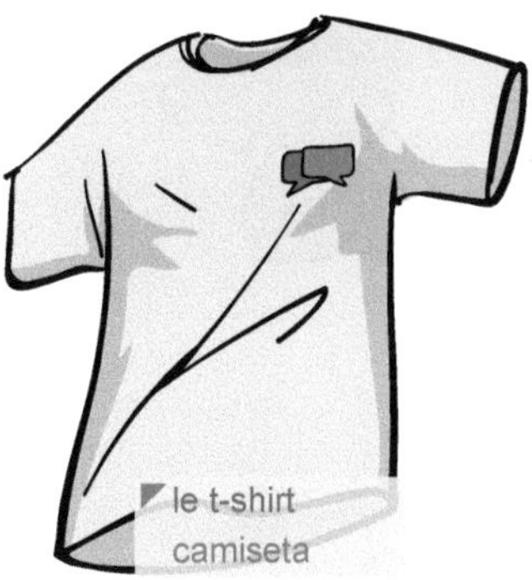

le t-shirt
camiseta

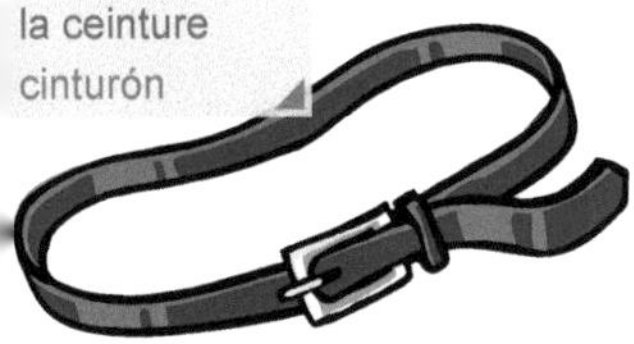

la ceinture
cinturón

les bottes
botas

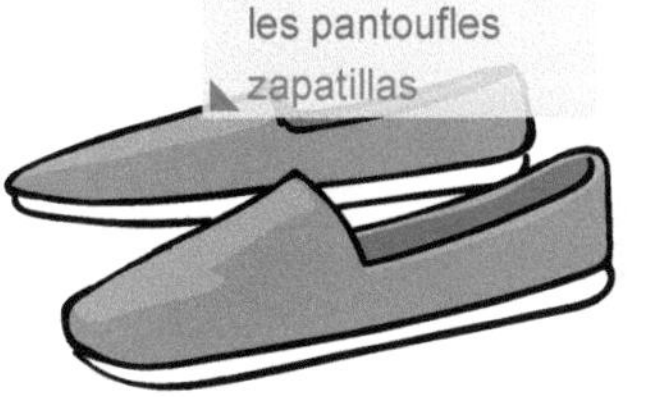

les pantoufles
zapatillas

les baskets
deportivas

les sandales
....
sandalias

les chaussures
....
zapatos

les bottes de caoutchouc
....
botas de goma

les sous-vêtements
....
slip

le soutien-gorge
....
sostén

le maillot de corps
....
chaleco

le body
bodi

le pantalon
pantalones

le jean
vaqueros

la jupe
falda

le chemisier
blusa

la chemise
camisa

le pull
jersey

le sweat à capuche
suéter

la veste
blazer

la veste
chaqueta

le manteau
abrigo

l'imperméable
gabardina

le costume
traje

la robe
vestido

la robe de mariée
vestido de novia

le costume

traje

la chemise de nuit

camisón

le pyjama

pijama

le sari

sari

le foulard

bandana

le turban

turbante

la burqa

burka

le caftan

caftán

l'abaya

abaya

le maillot de bain

traje de baño

le maillot de bain

bañador

le short

pantalones cortos

la tenue d'entraînement

chándal

le tablier

delantal

les gants

guantes

les vêtements - ropa

le bouton

botón

les lunettes

gafas

le bracelet

brazalete

le collier

collar

la bague

anillo

la boucle d'oreille

pendiente

le bonnet

gorra

le cintre

percha

le chapeau

sombrero

la cravate

corbata

la fermeture éclair

cremallera

le casque

casco

les bretelles

tirantes

l'uniforme scolaire

uniforme escolar

l'uniforme

uniforme

le bavoir

babero

la sucette

maniquí

la lange

pañal

le bureau
oficina

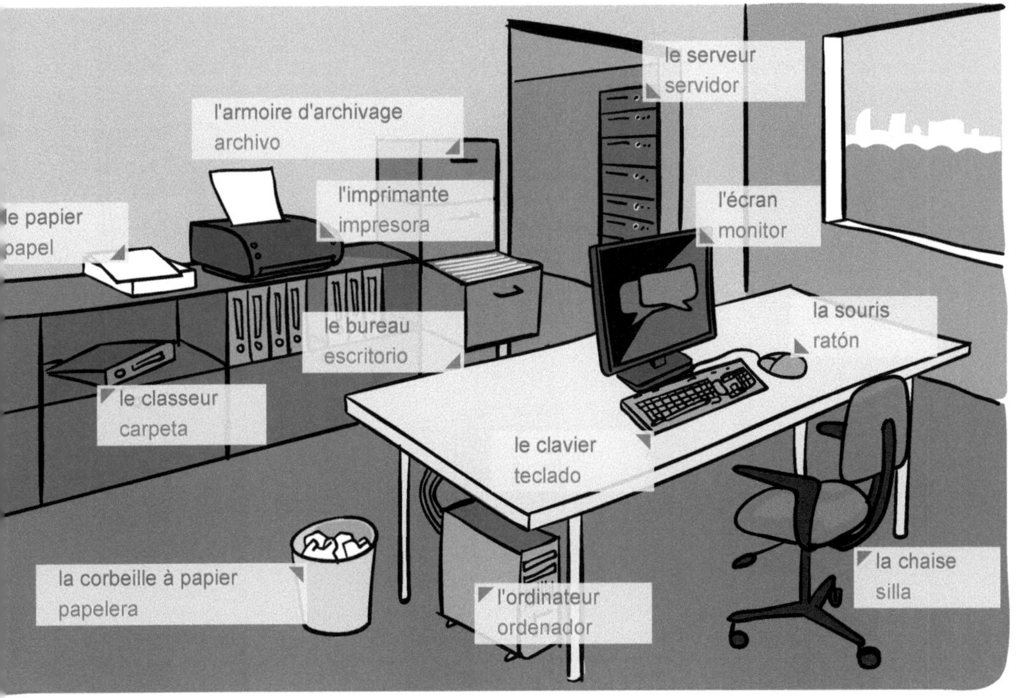

le serveur
servidor

l'armoire d'archivage
archivo

l'imprimante
impresora

l'écran
monitor

le papier
papel

le bureau
escritorio

la souris
ratón

le classeur
carpeta

le clavier
teclado

la corbeille à papier
papelera

l'ordinateur
ordenador

la chaise
silla

la tasse de café

taza de café

la calculatrice

calculadora

l'internet

internet

l'ordinateur portable

portátil

la lettre

carta

le message

mensaje

le portable

móvil

le réseau

red

la photocopieuse

fotocopiadora

le logiciel

software

le téléphone

teléfono

la prise

toma de corriente

le fax

fax

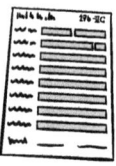

le formulaire

formulario

le document

documento

acheter

comprar

payer

pagar

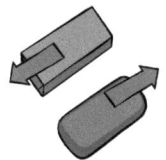

faire du commerce

comerciar

la monnaie

dinero

le dollar

dólar

l'euro

euro

le yen

yen

le rouble

rublo

le franc suisse

franco suizo

le renminbi yuan

renminbi yuan

la roupie

rupia

le distributeur automatique

cajero automático

le bureau de change

oficina de cambio de divisas

l'or

oro

l'argent

plata

le pétrole

petróleo

l'énergie

energía

le prix

precio

le contrat

contrato

la taxe

impuesto

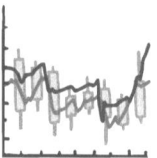

l'action

acción

travailler

trabajar

l'employé

empleado

l'employeur

empleador

l'usine

fábrica

le magasin

tienda

les professions
oficios

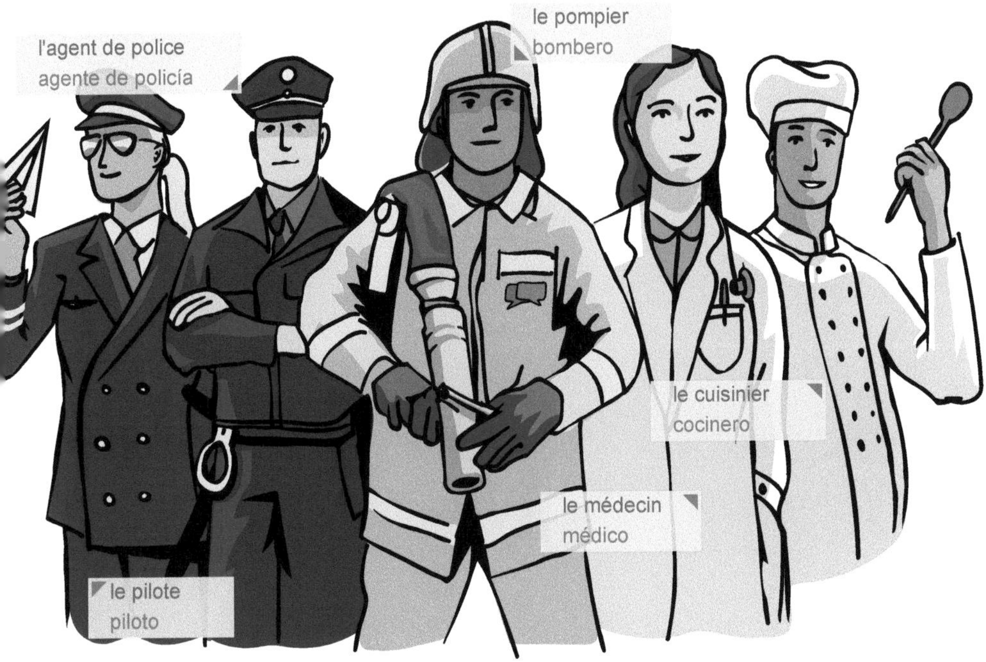

le pompier
bombero
l'agent de police
agente de policía
le cuisinier
cocinero
le médecin
médico
le pilote
piloto

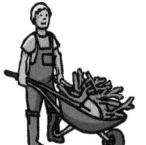

le jardinier

jardinero

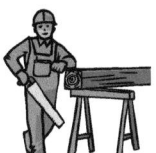

le menuisier

carpintero

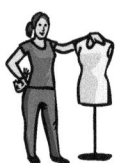

la couturière

costurera

le juge

juez

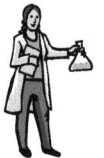

le chimiste

farmacéutico

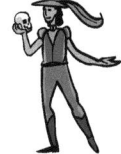

l'acteur

actor

le conducteur de bus

conductor de autobús

le chauffeur de taxi

taxista

le pêcheur

pescador

la femme de ménage

señora de la limpieza

le couvreur

techador

le serveur

camarero

le chasseur

cazador

le peintre

pintor

le boulanger

panadero

l'électricien

electricista

l'ouvrier

obrero

l'ingénieur

ingeniero

le boucher

carnicero

le plombier

fontanero

le facteur

cartero

le soldat
soldado

l'architecte
arquitecto

le caissier
cajero

le fleuriste
florista

le coiffeur
peluquero

le contrôleur
revisor

le mécanicien
mecánico

le capitaine
capitán

le dentiste
dentista

le scientifique
científico

le rabbin
rabino

l'imam
imán

le moine
monje

le prêtre
sacerdote

les outils
herramientas

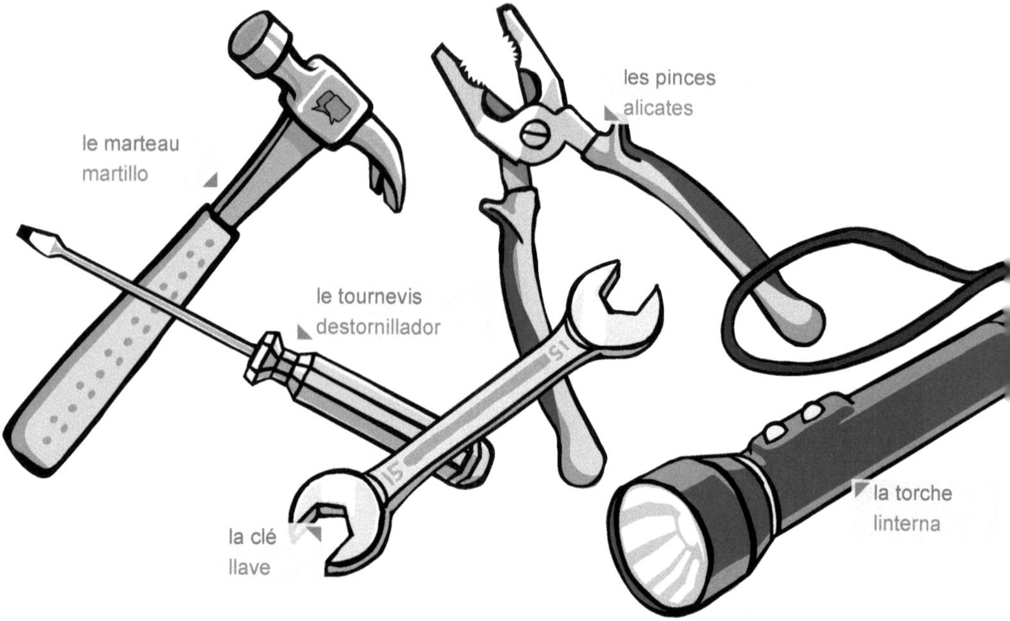
le marteau
martillo
les pinces
alicates
le tournevis
destornillador
la clé
llave
la torche
linterna

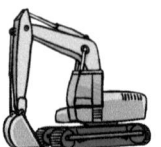

la pelleteuse

excavadora

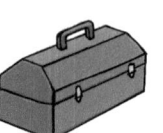

la boîte à outils

caja de herramientas

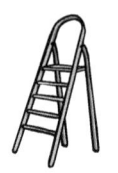

l'échelle

escalera de mano

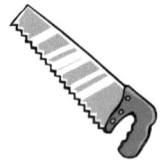

la scie

sierra

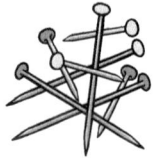

les clous

clavos

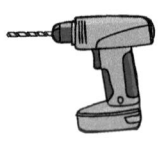

la perceuse

taladro

réparer

reparar

la pelle

pala

Mince !

¡Maldita sea!

la pelle

recogedor

le pot de peinture

bote de pintura

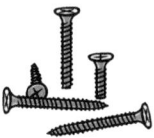

les vis

tornillos

les instruments de musique
instrumentos musicales

le haut-parleurs
altavoz

la batterie
batería

la guitare
guitarra

la contrebasse
contrabajo

la trompette
trompeta

le piano

piano

le violon

violín

la basse

bajo

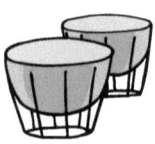

les timbales

timbales

le tambour

tambor

le piano électrique

teclado

le saxophone

saxofón

la flûte

flauta

le microphone

micrófono

l'entrée
entrada

le tigre
tigre

la cage
jaula

le zèbre
cebra

l'alimentation animale
pienso

le panda
panda

les animaux

animales

l'éléphant

elefante

le kangourou

canguro

le rhinocéros

rinoceronte

le gorille

gorila

l'ours

oso

le chameau

camello

l'autruche

avestruz

le lion

león

le singe

mono

le flamand rose

flamingo

le perroquet

loro

l'ours polaire

oso polar

le pingouin

pingüino

le requin

tiburón

le paon

pavo real

le serpent

serpiente

le crocodile

cocodrilo

le gardien de zoo

guardián de zoológico

le phoque

foca

le jaguar

jaguar

le poney

poni

le léopard

leopardo

l'hippopotame

hipopótamo

la girafe

jirafa

l'aigle

águila

le sanglier

jabalí

le poisson

pescado

la tortue

tortuga

le morse

morsa

le renard

zorro

la gazelle

gacela

l'american Football
fútbol americano

le cyclisme
ciclismo

le tennis
tenis

le basket-ball
baloncesto

la natation
natación

la boxe
boxeo

le hockey sur glace
hockey sobre hielo

le football
fútbol

le badminton
bádminton

l'athlétisme
atletismo

le handball
balonmano

le ski
esquí

le polo
polo

les activités
actividades

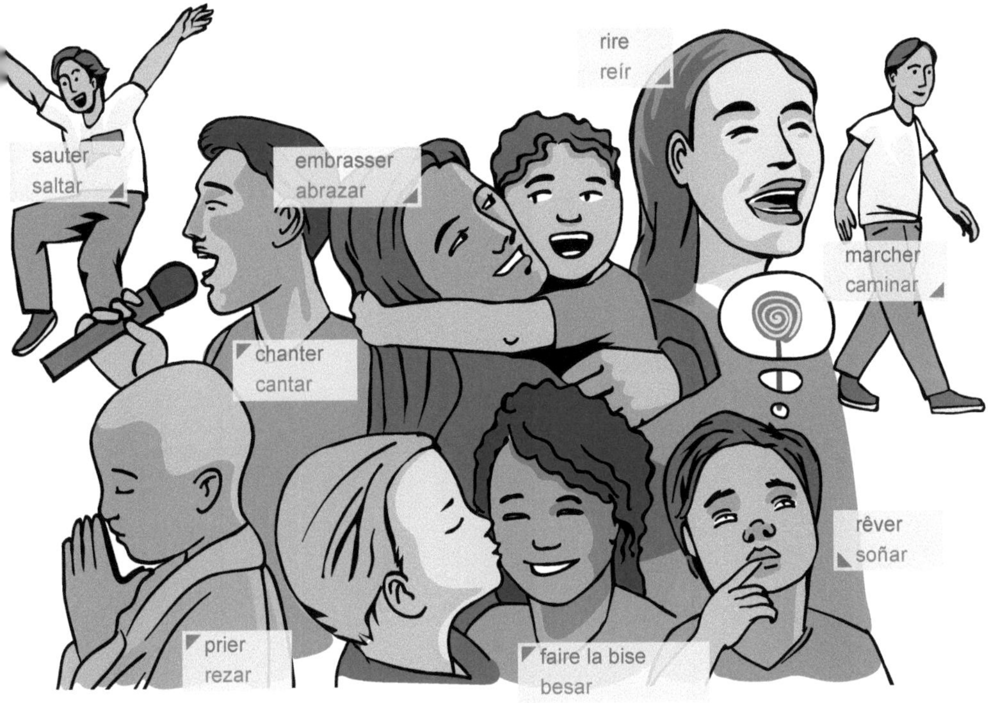
rire
reír
sauter
saltar
embrasser
abrazar
marcher
caminar
chanter
cantar
rêver
soñar
prier
rezar
faire la bise
besar

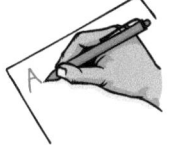

écrire
escribir

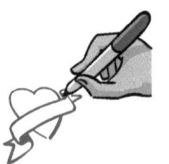

dessiner
dibujar

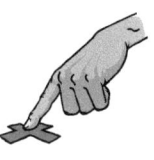

montrer
mostrar

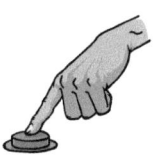

pousser
empujar

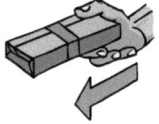

donner
dar

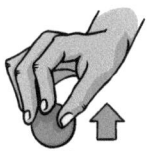

prendre
tomar

avoir
tener

faire
hacer

être
ser

être debout
estar de pie

courir
correr

trier
tirar

jeter
tirar

tomber
caer

être couché
yacer

attendre
esperar

porter
llevar

être assis
estar sentado

s'habiller
vestirse

dormir
dormir

se réveiller
despertar

regarder

mirar

pleurer

llorar

caresser

acariciar

peigner

peinar

parler

hablar

comprendre

entender

demander

preguntar

écouter

escuchar

boire

beber

manger

comer

ranger

ordenar

aimer

amar

cuire

cocinar

conduire

conducir

voler

volar

faire de la voile

navegar

calculer

calcular

lire

leer

apprendre

aprender

travailler

trabajar

se marier

casarse

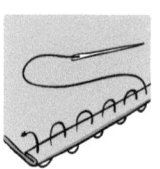

coudre

coser

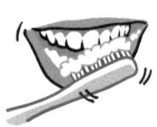

brosser les dents

cepillarse los dientes

tuer

matar

fumer

fumar

envoyer

enviar

rand-mère
ela

le grand-père
abuelo

le père
padre

la mère
madre

le bébé
bebé

la fille
hija

le fils
hijo

l'hôte

invitado

la tante

tía

l'oncle

tío

le frère

hermano

la sœur

hermana

le corps
cuerpo

le front
frente
l'œil
ojo
l'épaule
hombro
le doigt
dedo
le visage
cara
le menton
barbilla
la main
mano
la jambe
pierna
la poitrine
pecho
le bras
brazo

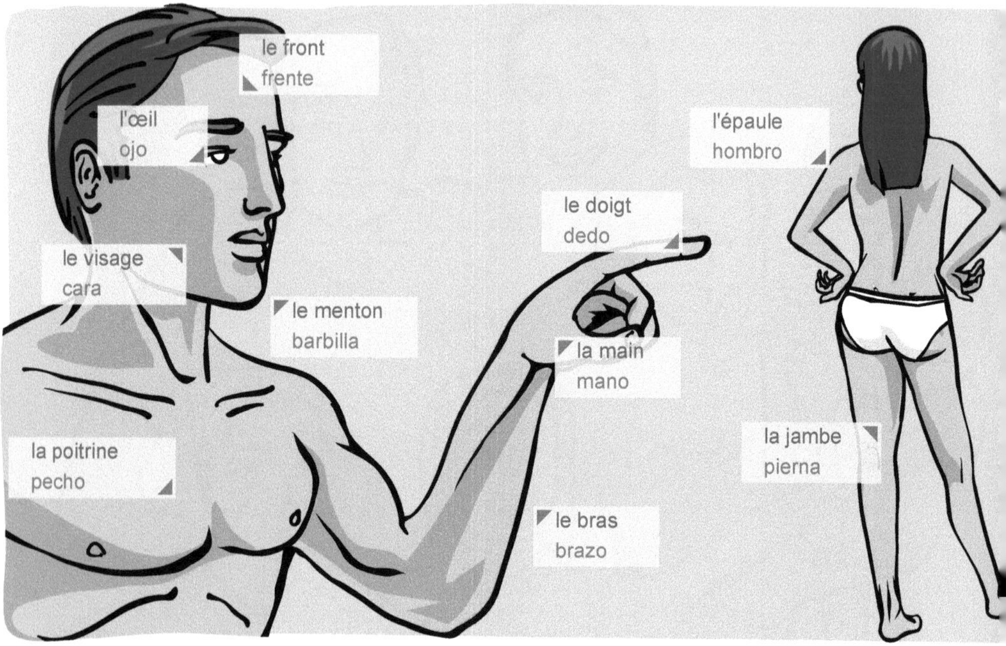

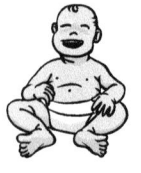

le bébé

bebé

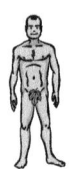

l'homme

hombre

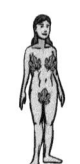

la femme

mujer

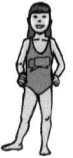

la fille

chica

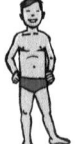

le garçon

chico

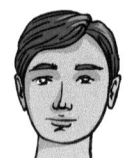

la tête

cabeza

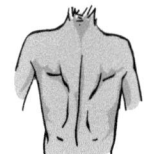

le dos

espalda

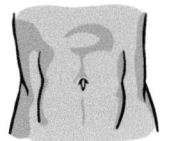

le ventre

vientre

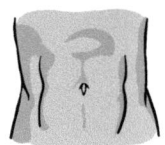

le nombril

ombligo

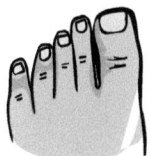

l'orteil

dedo del pie

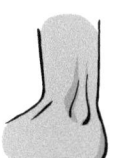

le talon

talón

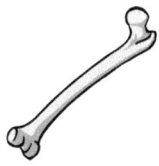

l'os

hueso

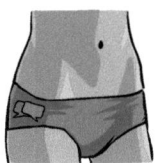

la hanche

cadera

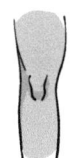

le genou

rodilla

le coude

codo

le nez

nariz

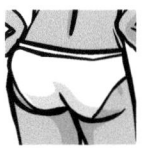

les fesses

trasero

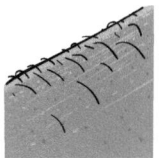

la peau

piel

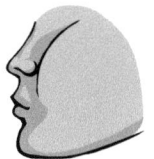

la joue

mejilla

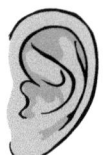

l'oreille

oído

la lèvre

labio

la bouche

boca

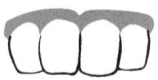

la dent

diente

la langue

lengua

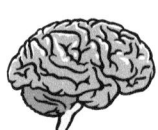

le cerveau

cerebro

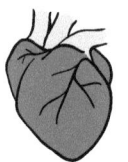

le cœur

corazón

le muscle

músculo

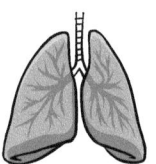

les poumons

pulmón

le foie

hígado

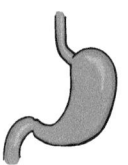

l'estomac

estómago

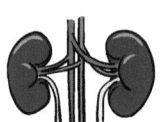

les reins

riñones

le rapport sexuel

sexo

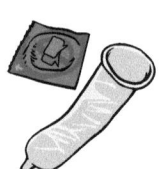

le préservatif

condón

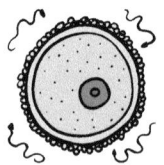

l'ovule

ovario

le sperme

semen

la grossesse

embarazo

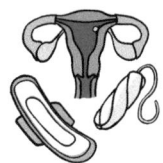

la menstruation

menstruación

le vagin

vagina

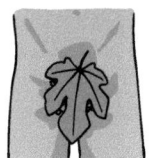

le pénis

pene

le sourcil

ceja

les cheveux

pelo

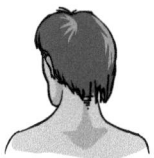

le cou

cuello

le corps - cuerpo

71

l'hôpital

hospital

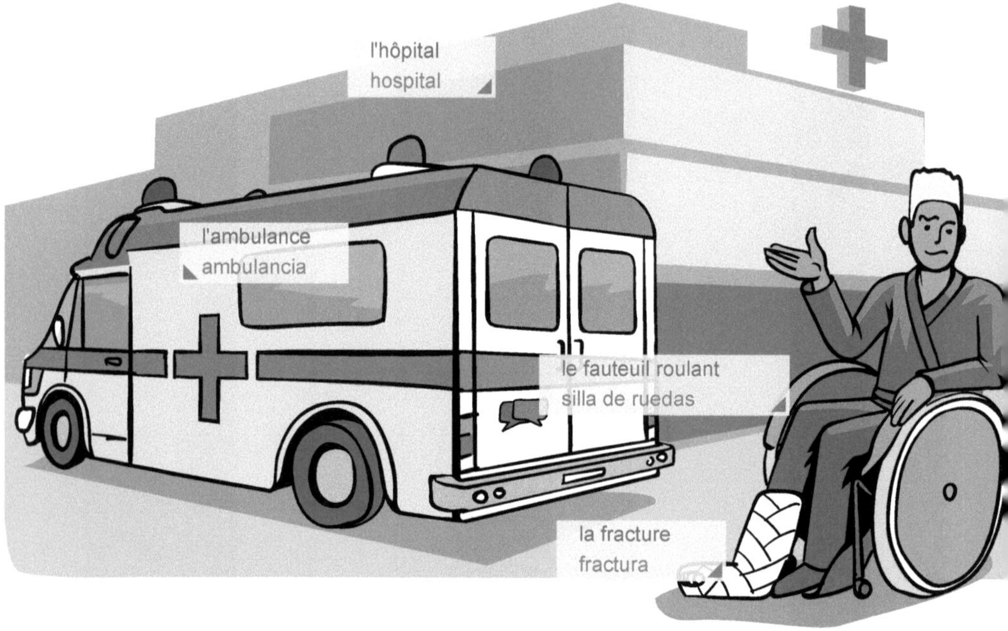

l'hôpital
hospital
l'ambulance
ambulancia
le fauteuil roulant
silla de ruedas
la fracture
fractura

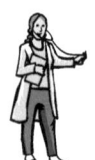

le médecin

médico

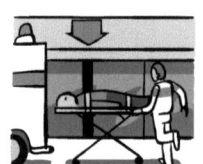

le service des urgences

sala de urgencias

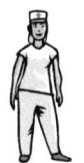

l'infirmière

enfermera

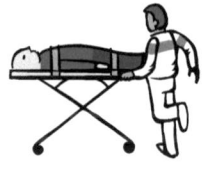

l'urgence

urgencia

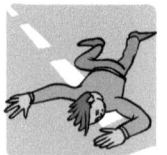

inconscient

inconsciente

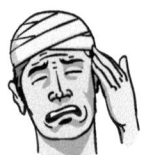

la douleur

dolor

la blessure
lesión

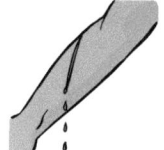

l'hémorragie
hemorragia

la crise cardiaque
infarto

l'attaque cérébrale
ictus

l'allergie
alergia

la toux
tos

la fièvre
fiebre

la grippe
gripe

la diarrhée
diarrea

le mal de tête
dolor de cabeza

le cancer
cáncer

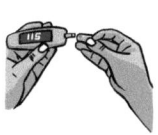

le diabète
diabetes

le chirurgien
cirujano

le scalpel
bisturí

l'opération
operación

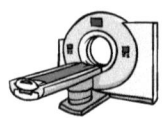

le CT

TAC

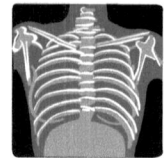

la radiographie

rayos x

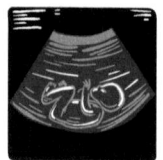

l'échographie

ultrasonido

le masque

mascarilla

la maladie

enfermedad

la salle d'attente

sala de espera

la béquille

muleta

le pansement

tirita

le pansement

venda

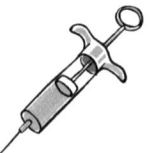

l'injection

inyección

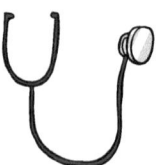

le stéthoscope

estetoscopio

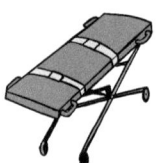

le brancard

camilla

le thermomètre

termómetro

l'accouchement

nacimiento

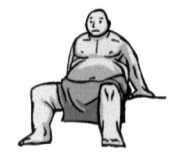

la surcharge pondérale

sobrepeso

l'appareil auditif

audífono

le désinfectant

desinfectante

l'infection

infección

le virus

virus

le VIH / le sida

VIH / SIDA

le médicament

medicina

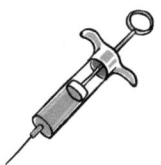

la vaccination

vacunación

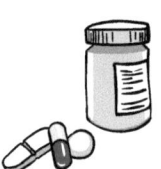

les comprimés

tabletas

la pilule

pastilla

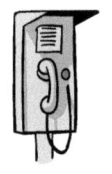

l'appel d'urgence

llamada de urgencia

le tensiomètre

tensiómetro

malade / sain

enfermo / sano

Au secours !

¡Socorro!

l'alarme

alarma

l'assaut

asalto

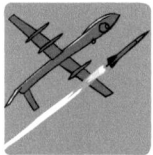

l'attaque

ataque

le danger

peligro

la sortie de secours

salida de emergencia

Au feu!

¡Fuego!

l'extincteur

extintor de incendios

l'accident

accidente

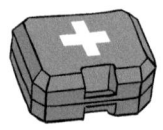

la trousse de premier
secours

botiquín de primeros
auxilios

SOS

SOS

la police

policía

l'Europe

Europa

l'Amérique du Nord

Norteamérica

l'Amérique du Sud

Sudamérica

l'Afrique

África

l'Asie

Asia

l'Australie

Australia

l'Océan atlantique

Atlántico

l'Océan pacifique

Pacífico

l'Océan indien

Océano Índico

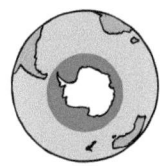

l'Océan antarctique

Océano Antártico

l'Océan arctique

Océano Ártico

le Pôle nord

polo norte

le Pôle sud

polo sur

l'Antarctique

Antártida

la terre

tierra

le pays

tierra

la mer

mar

l'île

isla

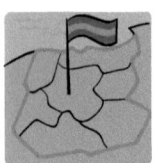

la nation

nación

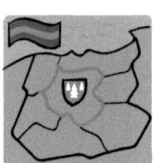

l'état

estado

le cadran

esfera

l'aiguille des heures

manecilla de las horas

l'aiguille des minutes

minutero

l'aiguille des secondes

segundero

Quelle heure est-il ?

¿Qué hora es?

le jour

día

le temps

tiempo

maintenant

ahora

la montre digitale

reloj digital

la minute

minuto

l'heure

hora

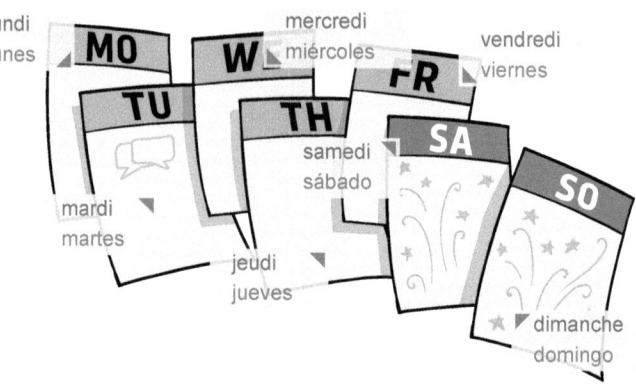

lundi / lunes

mercredi / miércoles

vendredi / viernes

mardi / martes

jeudi / jueves

samedi / sábado

dimanche / domingo

hier

ayer

aujourd'hui

hoy

demain

mañana

le matin

mañana

le midi

mediodía

le soir

tarde

les jours ouvrables

días laborables

le week-end

fin de semana

la pluie
lluvia

l'arc-en-ciel
arcoíris

la neige
nieve

le vent
viento

le printemps
primavera

l'automne
otoño

l'été
verano

l'hiver
invierno

4.APRIL	11°	☀
5.APRIL	4°	☁
6.APRIL	13°	☁
7.APRIL	8°	☀
8.APRIL	10°	☀

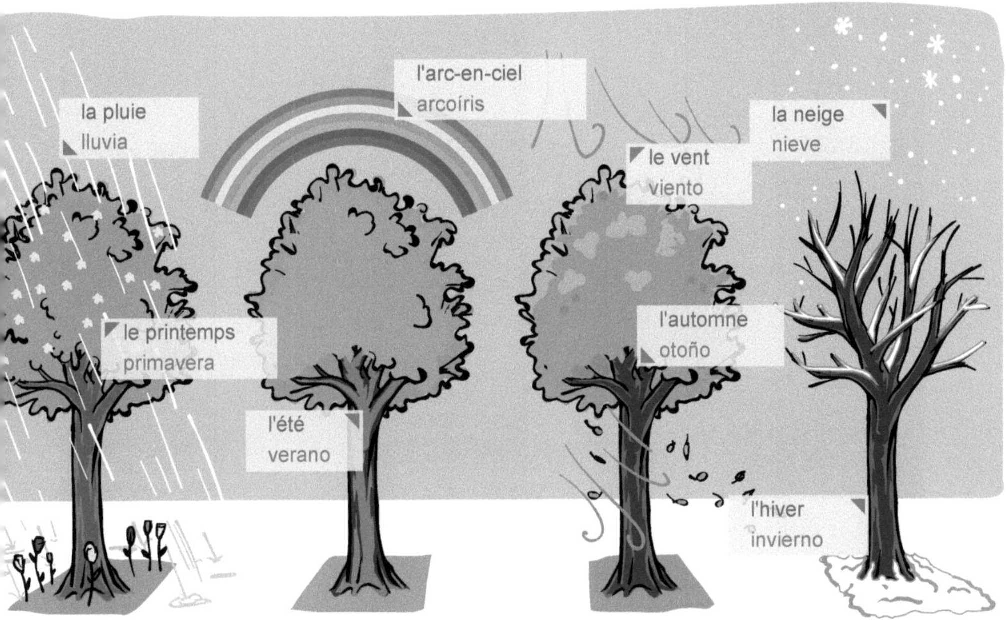

la météo
pronóstico del tiempo

le thermomètre
termómetro

la lumière du soleil
sol

le nuage
nube

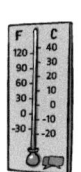

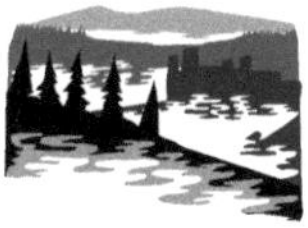

le brouillard
niebla

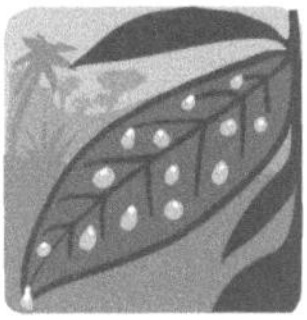

l'humidité
humedad

la foudre

rayo

la tonnerre

trueno

la tempête

tormenta

la grêle

granizo

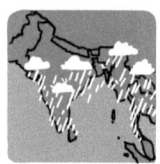

la mousson

monzón

l'inondation

inundación

la glace

hielo

janvier

enero

février

febrero

mars

marzo

avril

abril

mai

mayo

juin

junio

juillet

julio

août

agosto

septembre

septiembre

octobre

octubre

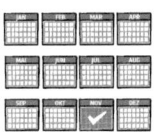

novembre

noviembre

décembre

diciembre

les formes
formas

le cercle

círculo

le carré

cuadrado

le rectangle

rectángulo

le triangle

triángulo

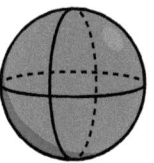

la sphère

esfera

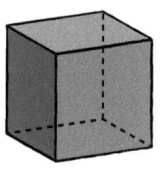

le cube

cubo

les couleurs

colores

blanc
....
blanco

jaune
....
amarillo

orange
....
anaranjado

rose
....
rosa

rouge
....
rojo

violet
....
morado

bleu
....
azul

vert
....
verde

marron
....
marrón

gris
....
gris

noir
....
negro

beaucoup / peu

mucho / poco

fâché / calme

enojado / tranquilo

joli / laid

bonito / feo

le début / la fin

principio / fin

grand / petit

grande / pequeño

clair / obscure

claro / oscuro

frère / soeur

hermano / hermana

propre / sale

limpio / sucio

complet / incomplet

completo / incompleto

le jour / la nuit

día / noche

mort / vivant

muerto / vivo

large / étroit

ancho / estrecho

comestible / incomestible

comestible / no comestible

méchant / gentil

malo / amable

excité / ennuyé

entusiasmado / aburrido

gros / mince

gordo / delgado

le premier / le dernier

primero / último

l'ami / l'ennemi

amigo / enemigo

plein / vide

lleno / vacío

dur / souple

duro / blando

lourd / léger

pesado / ligero

faim / soif

hambre / sed

malade / sain

enfermo / sano

illégal / légal

ilegal / legal

intelligent / stupide

inteligente / tonto

gauche / droite

izquierda / derecha

proche / loin

cerca / lejos

nouveau / usé
nuevo / usado

rien / quelque chose
nada / algo

vieux / jeune
viejo / joven

marche / arrêt
encendido / apagado

ouvert / fermé
abierto / cerrado

faible / fort
silencioso / ruidoso

riche / pauvre
rico / pobre

correct / incorrect
correcto / incorrecto

rugueux / lisse
áspero / suave

triste / heureux
triste / contento

court / long
corto / largo

lent / rapide
lento / rápido

mouillé / sec
húmedo / seco

chaud / froid
cálido / frío

la guerre / la paix
guerra / paz

les oppositions - opuestos

les nombres
números

0

zéro
....
cero

1

un / une
....
uno

2

deux
....
dos

3

trois
....
tres

4

quatre
....
cuatro

5

cinq
....
cinco

6

six
....
seis

7

sept
....
siete

8

huit
....
ocho

9

neuf
....
nueve

10

dix
....
diez

11

onze
....
once

12

douze

doce

13

treize

trece

14

quatorze

catorce

15

quinze

quince

16

seize

dieciséis

17

dix-sept

diecisiete

18

dix-huit

dieciocho

19

dix-neuf

diecinueve

20

vingt

veinte

100

cent

cien

1.000

mille

mil

1.000.000

le million

millón

l'anglais

inglés

l'anglais américain

inglés americano

le chinois mandarin

chino mandarín

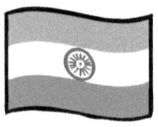

le hindi

hindi

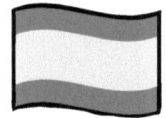

l'espagnol

español

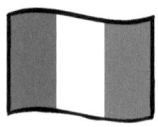

le français

francés

l'arabe

árabe

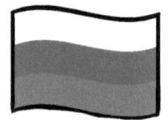

le russe

ruso

le portugais

portugués

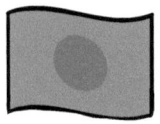

le bengali

bengalí

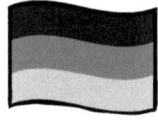

l'allemand

alemán

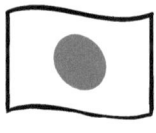

le japonais

japonés

je

yo

tu

tú

il / elle / ce, c', cela

él / ella / ello

nous

nosotros/as

vous

vosotros/as

ils / elles

ellos/as

Qui ?

¿quién?

Quoi ?

¿qué?

Comment ?

¿cómo?

Où ?

¿dónde?

Quand ?

¿cuándo?

le nom

nombre

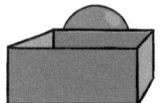

derrière

detrás

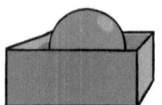

dans

en

devant

delante de

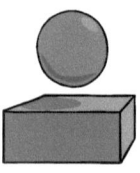

au-dessus

por encima de

sur

sobre

en-dessous

debajo de

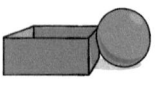

à côté de

junto a

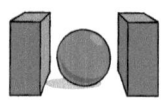

entre

entre

le lieu

lugar